Patrizia Pfister

Mantren und Symbole im Regenbogenzeitalter

Bitte fordern Sie unser kostenloses Verlagsverzeichnis an:

Smaragd Verlag
In der Steubach 1
57614 Woldert (Ww.)
Tel.: 02684.978808
Fax: 02684.978805
E-Mail: info@smaragd-verlag.de
www.smaragd-verlag.de

Oder besuchen Sie uns im Internet unter der obigen Adresse.

Deutsche Erstausgabe Januar 2007
Umschlaggestaltung: preData
Satz: Heuchemer, Smaragd Verlag
Printed in Czech Republic
ISBN 978-3-938489-35-2

Patrizia Pfister

Mantren und Symbole im Regenbogenzeitalter

Smaragd Verlag

Über die Autorin

Patrizia Pfister hat zwei Indigokinder, die sie vor große Herausforderungen stellten (und stellen), und ihr dadurch zu großem Wachstum verhalfen. Dies gipfelte darin, dass sie sich im November 1999 „zufällig" in einer Initiationsveranstaltung von Rand Rajinder Singh wiederfand, in der ihr, zu ihrer eigenen Überraschung, das Dritte Auge geöffnet wurde. Ab diesem Zeitpunkt befasste sie sich intensiv mit Esoterik, um herauszufinden, was da mit ihr geschah, denn bald begann sie die Chakren zu spüren und auch die Veränderungen, die der Lichtkörperprozess mit sich brachte. Sie gab sich diesem Prozess, den sie nicht wirklich verstand, voller Vertrauen intuitiv hin, und innerhalb von fünf Jahren hatte sie sich soweit gereinigt und geklärt, dass sie im August 2004 zum Channel der Weißen Bruderschaft erwachte. Sie fand ihre Aufgabe in ihrem Lebenskoffer und vermittelt nun Botschaften der spirituellen Hierarchie in ihren Büchern, Einzelchannelings und Seminaren. Sie hat bisher sechs Bücher veröffentlicht, zwei zu grenzwissenschaftlichen Themen, zwei zum Säure-Basen-Haushalt und zwei als Channelmedium der Weißen Bruderschaft.

Inhalt

Zum Geleit

Liebe Leserinnen und Leser,

ich freue mich sehr, dass wir diese Symbole und Mantren der Geistigen Welt in einem Buch zusammenfassen und veröffentlichen dürfen und möchte Ihnen kurz eine Begebenheit erzählen, die maßgeblich zu dieser Entscheidung beigetragen hat.

Eine Freundin von mir, nicht mehr ganz so jung an Jahren, lag mit einem Oberschenkelbruch verletzt in der Klinik und hatte im Rahmen der Operation nach dem Unfall zwei Blutkonserven bekommen. In den Wochen danach ging es ihr immer wieder sehr schlecht – sie fühlte sich kraftlos, antriebslos und war teilweise völlig am Boden zerstört – was weder sie noch ihre Ärzte verstehen konnten, war doch der Heilungsverlauf eigentlich ganz normal gewesen.

Bis sie schließlich auf die Idee kam – es könnte das fremde Blut in ihren Adern sein, da sie (vielleicht?) mit dem Blut auch wesentliche Eigenheiten und Eigenschaften des Spenders/der Spenderin aufgenommen hätte. Sie war sich dessen jedoch nicht sicher und bat mich, die Geistige Welt über Patrizia um Rat zu fragen, was ich sehr gerne tat – Und - siehe da: Wir hatten sehr schnell eine Antwort.

Ja, es war zum großen Teil das fremde Blut in ihrem Körper, das sich so schwächend auf sie auswirkte.

Sofort hatte Patrizia das Symbol Ku-Ma-Na im Kopf. Aber da damals nur ein telefonischer Kontakt möglich war, konnten wir meiner Freundin nur das Mantra vermitteln, nicht das Symbol.

Und meine Freundin, den Tränen nahe, wendete es die nächsten Stunden, soweit wie möglich, immer wieder an – und das Wunder geschah: Am nächsten Tag war die Stimmungslage eine ganz andere und die Kraft und der Mut kehrten innerhalb kurzer Zeit zurück und die Heilung verlief nun fortan so, wie es sein sollte.

Ein fantastisches Beispiel dafür, wie dieses Mantra gewirkt hat!

Also – es braucht sicherlich kein so schlimmes Ereignis wie das meiner Freundin, damit Sie die Wirksamkeit dieser Symbole und Mantren erkennen können – denn Geschehnisse, die Sie positiv verändern möchten – die werden Sie genug in Ihrem Leben haben! Und so wünsche ich Ihnen viel Mut, Kraft und Ausdauer, mit diesen wundervollen Werkzeugen von MICHAEL, KRYON und METATRON zu arbeiten. Und - schreiben Sie uns doch einmal, wie es Ihnen damit ergangen ist.

In diesem Sinne grüße ich Sie herzlich – oder, um es mit einem der Mantren zu sagen:

„Om-Sha-La – Gegrüßest seist du in Liebe!“

Ihre Mara Ordemann

Einführung

Liebe Leserin, lieber Leser,

die Mantren und Symbole, die du hier findest, sind Auslösemechanismen, das heißt, wenn du mit ihnen arbeitest, geraten die Dinge in Bewegung, etwas fängt zu fließen an. Sie sind elektro-magnetische Gebilde, deren Energiefluss bewirkt, dass festgefahrene Ansichten, Emotionen, Muster usw. „angestoßen" werden, der Panzer „aufgeknackt" wird, der sich darum herum gebildet hat.

Das kann heftige Reaktionen verursachen. Sie können körperlicher Art sein, indem du in Reinigungsvorgänge gerätst, die sich möglicherweise als Durchfall, Erkältungskrankheiten oder Ähnliches auswirken; oder seelischer Natur, so dass du vielleicht unvermittelt weinen musst und gar kein äußerer Anlass dafür gegeben zu sein braucht. Die Reaktionen werden so unterschiedlich sein, wie die Menschen individuell sind, jedoch werden <u>immer</u> Reaktionen auf diese Arbeit stattfinden. Vielleicht änderst du von einem Tag auf den anderen deine Ernährungsgewohnheiten oder tust etwas anderes Ungewöhnliches, ohne dass dir der Zusammenhang mit dieser Arbeit bewusst ist, – aber er wird da sein. Es wird etwas geschehen! Sei dir daher der Verantwortung dir gegenüber bewusst und gehe in dem Tempo vor, das für dich geeignet ist. Lasse auch Pausen zwischendurch zu, denn die Veränderung deiner Schwingung, die damit einhergeht, muss für den Körper auch verträglich, ertragbar, integrierbar sein.

Überall wird vom Aufstieg gesprochen, aber mit dieser Formulierung ist schon wieder eine Wertung verbunden. In Wahrheit erfahren die Bewohner der Erde jedoch wieder eine Ausdehnung, nachdem sie sich über Äonen hinweg immer mehr eingegrenzt, eingeengt haben. Die Energiefelder geraten wieder in Bewegung, und damit auch in die Ausdehnung. Der Mensch, aber auch die Tiere, wächst sozusagen sehr schnell über sich hinaus. Mit diesem schnellen Wachstum Schritt zu halten, ist gar nicht so einfach, – und so ist es immer wieder angebracht, inne zu halten, der momentanen Ausdehnung nachzuspüren und sie in ihrer vollen Tragweite auszuloten, – also immer wieder festzustellen, wo du gerade stehst, und dann erst weiterzugehen.

Wie meine anderen Bücher auch sind diese Mantren und Symbole für die Eigenarbeit gedacht und dienen weniger der Unterhaltung. Wenn du mit den Mantren und Symbolen arbeitest und meditierst, verrichtest du Arbeit an deinem Lichtkörper, wie es dein Wunsch ist, sonst hätten sie den Weg nicht zu dir gefunden. Wundere dich also nicht, wenn sie dich müde machen…

Diese Symbole wurden von einem Dreierteam gechannelt: **Kryon, Metatron und Michael**. Diese drei jagten mich immer wieder durch die Sauna (um für dieses Projekt besonders klar zu sein), da ich die Aufgabe hatte, viel-dimensionale Konzepte auf das zwei-dimensionale Papier „herunterzutransformieren“, also zu übersetzen und als

Symbol darzustellen, was mir ziemlich schwer fiel. Doch eines Tages war es geschafft und das Ergebnis liegt nun vor. Die Symbole sind gechannelt und von Hand gezeichnet, da die ursprüngliche Original-Schwingung erhalten bleiben soll. Sie genügen also nicht dem Perfektionsanspruch unserer Gesellschaft, da es keine Computerzeichnungen sind, dafür liegt ihre Wirkung jedoch bei 100%, was in meinen Augen wichtiger ist als die Ästhetik.

Das Dreierteam aus Kryon, Metatron und Michael arbeitete für dieses besondere Projekt aus dem Fokus von Shambalah heraus, das heißt, diese Symbole wurden von dort an uns übermittelt, denn die dort lebenden Meister bilden einen Teil der Spirituellen Hierarchie der Erde und können sehr präzise beurteilen, was gerade benötigt wird. Sie bitten mich gerade, dazu selbst Stellung nehmen zu dürfen, und so kommt nun ein Channeling aus Shambalah:

„Gegrüßt seid ihr Menschen, die ihr weit mehr seid, als ihr bisher erkennen könnt. Mein Name ist Shana.

Dies ist der Name des oben genannten Dreierteams aus Kryon, Metatron und Michael. Wenn wir als eine Einheit zusammenarbeiten und uns nicht nur energetisch, sondern auch in gewisser Weise körperlich verschmelzen, bilden wir ein neues Wesen, ein Mehr als die Summe aller Teile, und, wie ihr vielleicht spüren könnt, ist unsere Präsenz dann eher weiblich, aus eurer Sicht, bzw. aus eurem Gefühl heraus. Wir verschmelzen nicht sehr oft miteinander, doch wenn, ist das immer ein großes Ereignis, sowohl für uns, als auch für andere.

Wir wollen diese besondere Schwingung, die wir dann aussenden, immer nur für eine begrenzte Zeit aufrechterhalten, und das hat mehrere Gründe. So, wie ihr es beim Löten auch kennt, braucht es eine Zwischensubstanz, um verschiedene Materialen zusammenzukleben, in eurem Fall, der Lötzinn. In unserem Fall ist es die bedingungslose Liebe, die uns zusammenführt und zusammenhält. Die Liebe zwischen uns wird jedoch ab einem bestimmten Zeitpunkt so stark, dass wir uns nicht mehr trennen könnten und in Einheit für immer verschmelzen würden. Daher ist die Trennung immer wieder nötig, weil wir noch eine Weile bleiben wollen. Die Liebe ist dann so stark, dass sie fast schmerzt, aber auch, wenn wir uns wieder trennen müssen, verspüren wir Schmerzen und behalten Wunden zurück, und, liebe Menschen, genauso ist es euch ergangen, als ihr euch aus der Einheit abgetrennt habt: Ihr habt Wunden zurückbehalten, die geheilt werden wollen und sollen. Auch ihr seid Wesen, die mehrfach auseinandergerissen, getrennt wurden. Hin und wieder findet ihr ein Wesen, mit dem ihr verschmelzen wollt, und tut dies dann auch. Manchmal entscheidet ihr euch, euch erneut zu trennen, um getrennt Aufgaben wahrzunehmen, die als Einheit nicht erledigt werden könnten. Und so ist das Dasein immer wieder ein Trennen und Verschmelzen. Und in dieser besonderen Zeit finden wieder viele Einheiten zueinander, findet Verschmelzung (Seelensplitter finden wieder zusammen, Kymische Hochzeiten werden gefeiert) und somit Steigerung der Liebe statt.

All die Wunden, die ihr euch in menschlichen oder auch

nicht menschlichen Inkarnationen zugezogen habt, erinnern euch im Grunde nur an diese ursprünglichen Wunden der Trennung, an den Schmerz des Verlassenwerdens. Obwohl es freiwillig geschah, tat es dennoch weh. Und so dürfen in diesen Zeiten sowohl die menschlichen Wunden heilen, als auch die Ursprungswunden, denn ihr kehrt in das Einheitsgefühl zurück! Und daher sind die Vorgänge auf der Erde ein Spiegel dessen, was auf „Geistiger Ebene“ geschieht. Indem wir euch helfen, in die Einheit zurückzukehren, finden auch hier bei uns Verschmelzungen statt, kehren Wesen in die Einheit zurück. Einige nur zeitweise, aber viele auch für immer. Seht ihr nun, warum wir einander brauchen, warum wir euch helfen? Ihr helft mit euren Prozessen auch uns. Wir sind ja ebenfalls eine Einheit, aus der gleichen Quelle entsprungen.

Der Trennungsschmerz (und die hinterlassenen Wunden) also ist einer der Gründe, warum wir nur zeitweise verschmelzen. Ein anderer ist, dass wir mit unserer Einheitsstrahlung die Umgebung mit extrem großer Liebe „bestrahlen“, was die Wirkung hat, dass viele Wesen ebenfalls den Drang zurück zur Einheit verspüren. Es wird eine Erinnerung in ihnen geweckt... Das ist grundsätzlich ja gut, doch für viele ist der Zeitpunkt der Rückkehr noch nicht gekommen, und daher müssen wir diese Liebe stark dosieren. Das gleiche geschieht auch bei euch, wenn ein Seelenpaar zusammengefunden hat, dann strahlt es eine ganz besondere Liebesqualität aus, was in anderen Menschen den Drang verstärkt, den eigenen Seelenpartner zu finden, wieder (mindestens) eine „Zweier-Einheit“ zu bil-

den, und auf der Erde soll auch genau das geschehen, denn der ganze Planet soll diese Strahlung aussenden, jedoch in angemessenem Tempo.

Also werden nun immer mehr dieser Seelenpaare zusammengeführt, und einige von ihnen haben tatsächlich auch die offizielle Aufgabe, die Einheit herbeizuführen, indem sie Seminare geben, Bücher schreiben usw. Andere wiederum wirken einfach durch ihre Präsenz, was nicht weniger wertvoll ist. Sie haben dann noch andere Aufgaben.

Ihr fragt euch vielleicht, warum die Trennung, denn mit Wunden und Schmerz einhergehen muss. Das müsste nicht so sein, doch möchte sich die Quelle selbst definieren, und das geht nicht in der Einheit. Sie möchte die Trennung erleben und auch spüren, wie sich Trennung anfühlt, also werden alle damit einhergehenden Gefühle zugelassen. Dass die Trennung so schmerzen würde und solche Wunden hinterlässt, damit hat die Quelle im Prinzip nicht gerechnet, bzw. dieses nicht erwartet. Sie lebt in der Zeitlosigkeit und auch in der Erwartungslosigkeit. Sie lässt geschehen, was geschehen will, etwas, was auch ihr nun wieder erlernen wollt. So lässt die Quelle die Schmerzen und Wunden zu, und nun ist die Zeit gekommen, wo auch die Heilung der Schmerzen und Wunden wieder geschehen darf. Ein Anfang hierfür macht das vorliegende Buch mit den Mantren und Symbolen.

Dieses war Shana.“

Es sind 55 Mantren und Symbole, die durchnummeriert sind. Auch Zahlen haben eine große Wirkung, wie mir Kryon immer wieder aufzeigt, und so sind auch diese Nummern nicht zufällig gewählt.

Bevor du an die Arbeit gehst, schaffe dir **deinen Heiligen Raum!** Wir werden dir gleich zeigen wie. In diesen Raum begibst du dich immer, wenn du mit den Symbolen und Mantren arbeiten möchtest, oder bei jeder Meditation. Der Heilige Raum hilft dir, völlig ungestört an die Informationen zu kommen, die gerade wichtig sind, da er störende Gedanken anderer Menschen, Handystrahlen, sonstigen Elektrosmog usw. fernhält.

In diesen Raum kannst du Channelpartner einladen, wie gerade Kryon, Metatron und Michael, da sie für die Mantren und Symbole „zuständig" sind, aber auch deinen Schutzengel oder Geistführer. Vergiss aber nicht, nach einem Gespräch den Channelpartner wieder aus dem Raum zu entlassen.

Wenn du mit den Mantren und Symbolen arbeitest, dann verlasse nach der Arbeit auch wieder bewusst den Heiligen Raum, – auch, wenn du ihn für deine Meditationen benutzt: Betritt ihn bewusst und verlasse ihn bewusst!

☆☆☆

Stell dir nun eine farbige Energieblase vor. Es wird sich dir die Farbe zeigen, die du gerade benötigst, die sich im Laufe der Zeit auch wandeln kann. Sie muss so groß sein, dass ein normales Zimmer daraus werden kann. Stelle dir nun einen Boden vor. Es kann ein Holzboden sein, es kann aber auch ein Boden bedeckt mit Moos oder eine Blumenwiese usw. sein. Was du dann noch brauchst, ist eine Art Altar, auf dem du für dich heilige Gegenstände deponierst, einen großen Kristall und einen Meditationsplatz. Dieser kann auch eine Hängematte sein. Schaffe die Umgebung, die genau für dich passend ist. Vergiss nicht, auch eine Tür einzubauen, so dass du auch in diesen Raum hineingelangen kannst. Versenke nun deinen Heiligen Raum in dein Herz und merke dir, wie er eingerichtet ist.

☆☆☆

Wie arbeitest du nun mit diesen Buch? Schlage, wenn du den Impuls verspürst, das Buch an einer Stelle auf (in der Regel genügt es einmal, denn damit setzt du schon genug in Bewegung). Lege die Buchseite vor dich hin und versenke dich in das Symbol, in dem du das Mantra, den Symbolnamen, den du unter dem Symbol findest, immer wieder im Geiste oder laut vor dich hinsagst – mindestens eine Viertelstunde. Damit baust du ein Kraftfeld um dich herum auf, das deinen Helfern zeigt: Das betreffende Thema möchte nun angegangen werden. Du gibst sozusagen die Erlaubnis und Ermächtigung, dir die noch zu bearbeitenden Muster, Verhaltensweisen usw., die nun geändert werden wollen, vor Augen zu führen. Das kann durch innere Bilder in der Meditation geschehen, durch aufkommende Gefühle oder körperliche Wahrnehmungen. Es können aber auch Ereignisse im Außen ablaufen, die dich dazu bringen, näher hinzusehen und die Botschaft darin zu verstehen. Wichtig bei all dem sind nicht die Erkenntnisse selbst, die du daraus gewinnst, sondern dass du sie in Konsequenzen umsetzt, also etwas veränderst, und darum umfasst dieses Buch auch 55 Symbole und Mantren, denn diese Meisterzahl ist mit der Energie der Veränderung „geladen".

Folge deiner eigenen Intuition, was die Dauer und Häufigkeit des Gebrauchs der Symbole und der Mantras betrifft. Es wird selten ein Tag genügen, da hier ganze Themenkomplexe angesprochen werden. Vermerke dir vielleicht in deinem Kalender, wann du mit welchem Symbol arbeitest, dann behältst du besser den Überblick und kannst vielleicht im Nachhinein feststellen, welche Ereignisse passend dazu abgelaufen sind.

Sei dir bewusst, dass diese Mantren und Symbole quer durch alle Leben wirken, also nicht nur die Dinge aus diesem Leben „wieder hochkommen" können.

Als ich bei 54 angekommen war, bemerkte ich, dass ich die restlichen Symbole, die mir noch zur Verfügung standen, hier nicht verwenden konnte und forderte bei der Geistigen Welt noch eines für das Halschakra an, weil meiner Meinung nach in der Fehlkommunikation viel Übel in der Welt liegt. Als ich es gezeichnet hatte, schlug mir eine so starke Energie an den eigenen Hals, dass ich ganz erstaunt war. Da ich vor einiger Zeit eine weitere Stimmausbildung angefordert hatte, war dieses Symbol für mich das Zeichen: Damit musst auch du arbeiten, wenn es so stark auf dich wirkt.

Nicht alle Symbole wurden von mir selbst gechannelt, denn wir alle sollen wieder lernen, im Team, in der Einheit und nicht in der Trennung zu arbeiten, und so ist ein Symbol von einer älteren Freundin von mir, die ebenfalls von der Geistigen Welt geleitet wird. Ein Symbol ist von einer jüngeren Freundin (sie ist zum Zeitpunkt, als ich dieses schreibe, 15 Jahre alt). Acht Symbole stammen von meinem Partner Hans Mösl. Das hat zum einen damit zu tun, dass bei diesen meinen Freunden die entsprechenden Lebensthemen gerade „Thema" sind und sie daher in der passenden Schwingung waren, und zum anderen damit, dass manche Informationen aus Sicherheitsgründen auf mehrere Leute verteilt werden und wurden.

Alle Symbole und Mantren wurden jedoch durch mich innerhalb einer besonderen Zeitraums bearbeitet, so dass das ganze Paket in einem einzigen Schwingungspaket „verschnürt" wurde und somit dennoch „aus einem Guss" entstanden ist.

Patrizia Pfister, Diebach, den 14. Juli 2006

Erläuterung zu den Symbolen und Mantren

Du kannst die Mantren und Symbole wie folgt verwenden:

- Du hat ein bestimmtes Thema, das dich beschäftigt, ein Problem/eine Frage - und schaust im Stichwortverzeichnis auf Seite 139 nach oder schlägst willkürlich eine Seite auf. Und findest dort eine Antwort.
- Du arbeitest dich über längere Zeit Seite für Seite durch das Buch, nutzt es also wie ein Lehrbuch.
- Du gehst in eine tiefe Meditation und wählst mit geschlossenen Augen eine Seite und arbeitest dann mit dem Mantra in der Meditation weiter.
- Du schlägst willkürlich eine Seite im Buch auf. Das, was du dort findest, ist jetzt angesagt, zu bearbeiten.
- Du wählst kinesiologisch/mit einem Pendel/einem Biotensor ein Symbol/Mantra aus, das für dich jetzt wichtig ist.
- Du kopierst dir die Seiten heraus und „malst" die Symbole nach, spürst ihrer Energie nach.

Du kannst so viele Symbole und Mantren parallel benutzen, wie es dir die Intuition rät.

Folge immer deiner Intuition, dann bist du immer auf dem richtigen Weg.

Natürlich sind das nur Vorschläge - dir fallen sicherlich noch viele andere Möglichkeiten ein, wie du sie anwenden kannst.

1

Om-Meta

Wenn du dieses Symbol gewählt hast, wird es Zeit, die direkte Verbindung zur Göttlichen Quelle wieder herzustellen. Sie ist nie wirklich abgebrochen, du hast nur vergessen, dass sie da ist, und nun wird es Zeit, dich wieder zu erinnern.

2

Si-Na

Wenn du dieses Symbol gefunden hast, wird es Zeit, deine Lichtkörper von „Schlacken“ (also Abfällen) zu befreien, den „Teer“, wie Kryon ihn nennt, abzuwaschen.

3

Ta-Na

Dieses Symbol hilft dir, deine weiblichen und männlichen Anteile ins Gleichgewicht zu bringen.

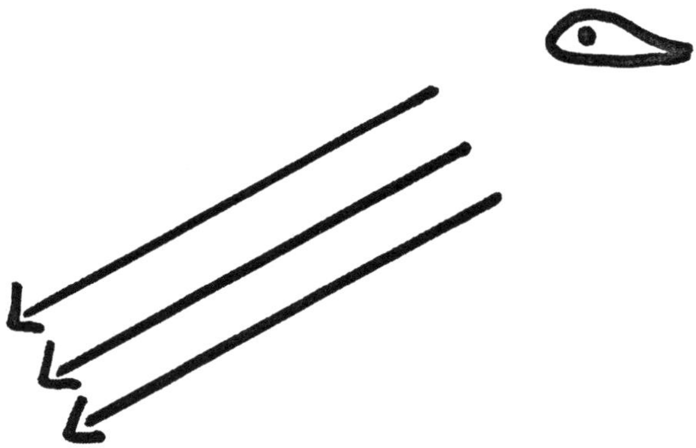

4

Hana

Hana will dir sagen, dass du nicht alleine bist, dass du immer unter liebevoller Beobachtung stehst und für die nächsten Schritte vorbereitet wirst. Fühlst du dich sehr alleine, dann arbeite mit diesem Symbol mindestens vierzehn Tage hintereinander.

5

Ven-Tis

Mit diesem Symbol löst du den Karmischen Kreis auf. In der Regel genügt eine einmalige Anwendung (gechannelt von Cornelia Seidel).

6

Merameh

Dieses Symbol heilt die Wunden, die durch die Aufsplittung von Seelen entstanden sind.

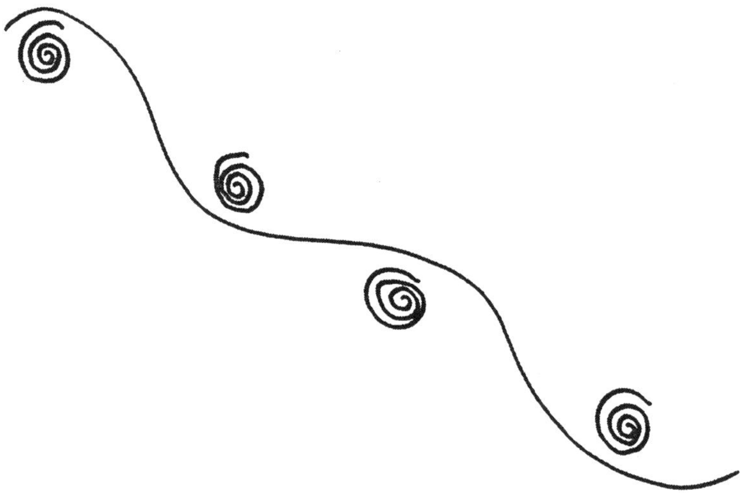

7

Om-Jaah

Dieses Symbol soll dir dazu verhelfen, Ja zu Allem-was-ist, zu sagen, auch zu den leidvollen und schmerzvollen Dingen. Da die Lebensfreude bei fast allen Menschen stark eingeschränkt ist, wird dies eines der Symbole sein, mit denen am meisten gearbeitet wird.

8

Lo-Ra

Dieses Symbol dient der Meisterschaft, Bereitschaft und Schulung. Es ist dem linken Handgelenk zugeordnet, in dem das Meisterschaftschakra liegt.

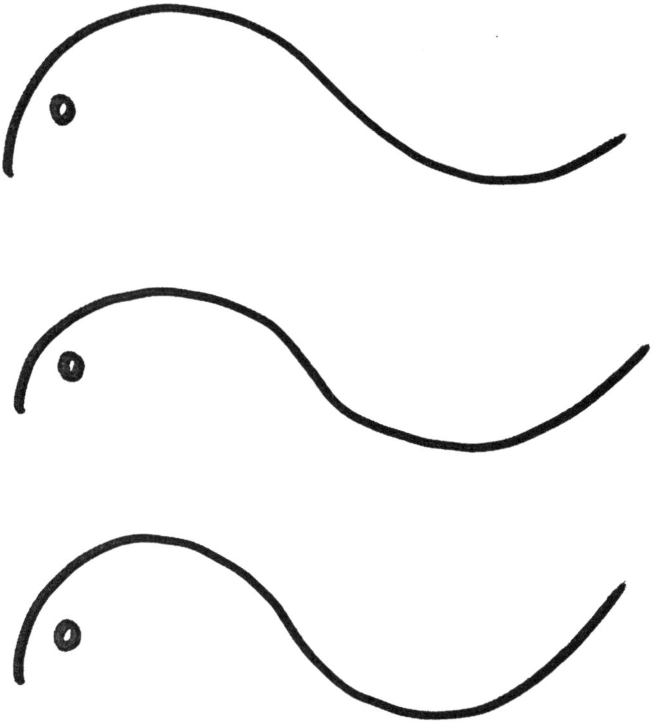

9

Donas

Dieses Symbol sorgt für Harmonie in der Seele.

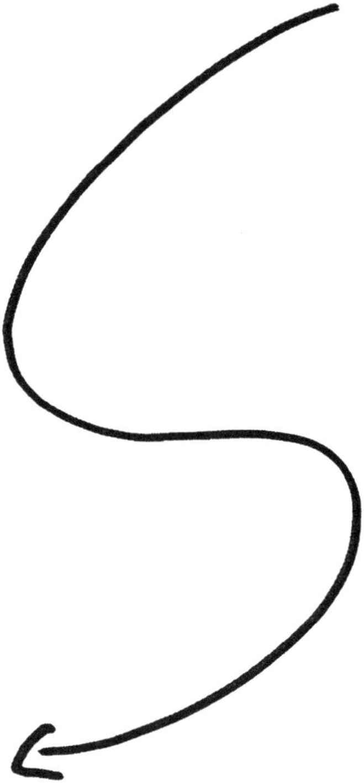

10

Leras

Mit diesem besonderen Symbol kannst du dich mit deiner Heimatwelt in Verbindung setzen, nicht um abgeholt zu werden oder Ähnliches, sondern um nähere Informationen darüber zu bekommen, wer du bist und was du hier zu tun hast.

11

Om-Ta-Na

Dieses Symbol steht für die Macht der Liebe, die alle Wunden heilen kann, da die Liebe das Einzige ist, was letztlich bleibt. Wie dein Leben auch verläuft oder verlaufen ist, letztlich ist es die Liebe, die zählt.

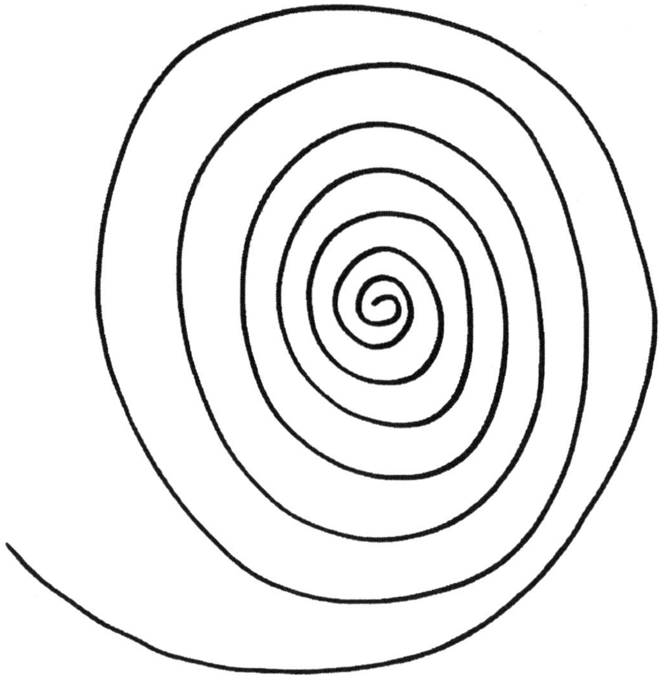

12

Mora

Mora ist ein Mantra, das euch dabei hilft, Verletzungen zu heilen, die durch Interaktionen mit Geschwistern entstanden sind. Es gibt karmische Verträge, die solche Interaktionen erlaubten, doch das Karmaspiel endet, und wenn ihr bis hierher geführt worden seid, enden auch die meisten eurer Verträge, zumindest von eurer Seite aus. Ihr könnt sie auflösen, was jedoch auch den anderen befreit, selbst wenn dieser es zunächst nicht so sehen oder leben will. Wenn eure Geschwister offen für die Idee der Heilung untereinander sind, dann arbeitet gemeinsam. Macht eine Kopie dieses Symbols für jeden von euch und legt sie vor euch hin. Sprecht das Mantra gemeinsam oder allein zwölf Mal laut aus, während ihr das Symbol anseht.

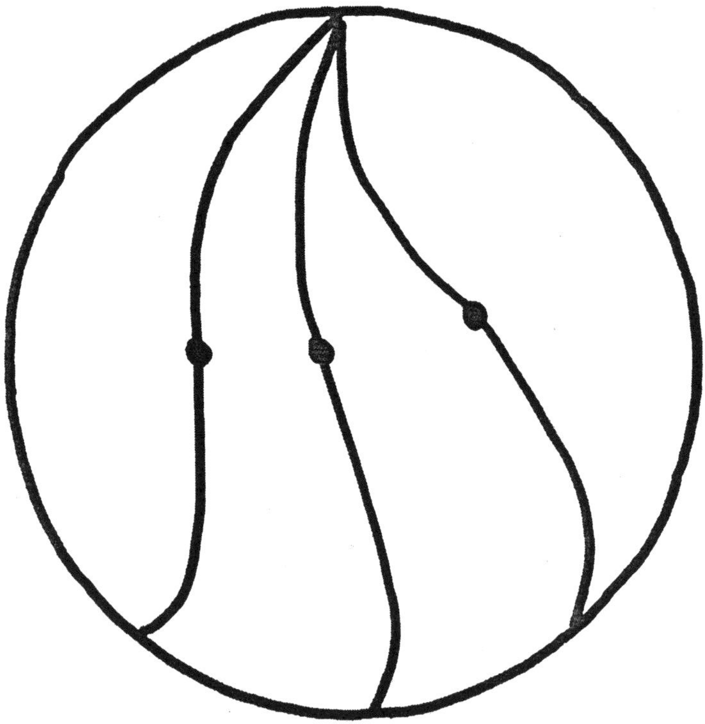

13

Ve-Ra

Dieses Symbol bringt dich in das Zentrum deines Seins, in das Innere deines Wesens, in die Essenz dessen, was dich im Universum ausmacht. Es zeigt dir das Mehr hinter der menschlichen Fassade, weist dir den Weg zu deinem vollen Potenzial.

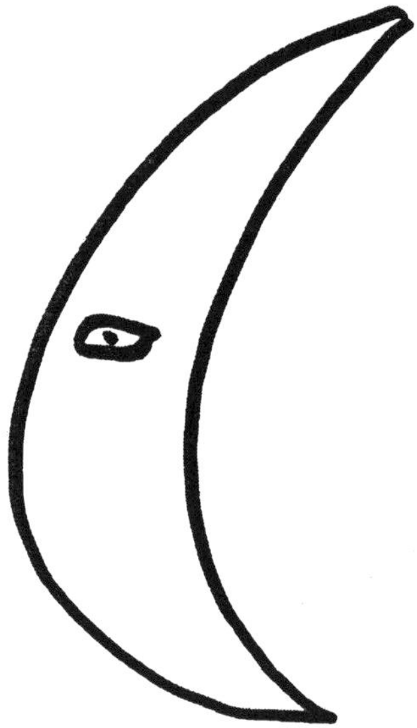

14

Polion

Die Weiblichkeit erwacht nun in voller Stärke in dir. Unterstütze sie durch dieses Mantra und das Symbol. Die weibliche Kraft liegt auch in der Kundalini, der Schlangenkraft, die in deinem Wurzelchakra ruht. Sei dir bewusst, dass sie nun aufsteigt.

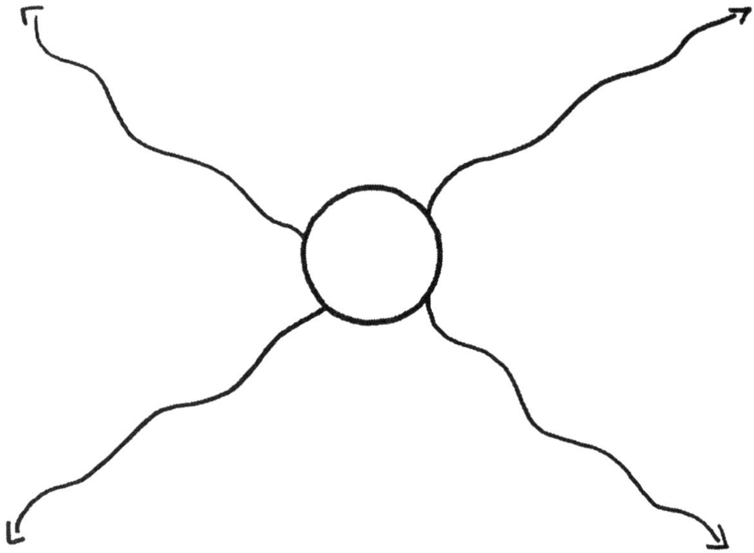

15
Jesarah

Jesarah steht für die Stärke des Herzens. Wenn du Probleme in deiner Beziehung hast, kannst du damit geschlagene Wunden wieder heilen. Selbst wenn du aus diesem Leben keine Wunden aus partnerschaftlichen Beziehungen hast (was nicht sehr wahrscheinlich ist), können noch solche aus früheren Leben vorhanden sein, wobei es nicht einmal Leben auf diesem Planeten sein müssen. Auch hierfür kannst du Jesarah verwenden, denn auch auf anderen Planeten gibt es Leben und somit Herausforderungen, die Wunden hinterlassen können. Dieses Symbol und das Mantra bearbeiten also speziell die Wunden aus Ehen und ehe-ähnlichen Beziehungen.

Sei dir bitte darüber im Klaren: Wenn du dieses Symbol benutzt, werden die Wunden von innen heraus nach außen heilen. Oberflächliche Vernarbungen können noch einmal aufgerissen werden, damit auch die Narben ausheilen. Benutze es also nur, wenn du bereit bist, dir diese Narben auch anzusehen. Der damit verbundene Schmerz kann noch einmal „hochkommen" und wie in der Homöopathie also zu einer Art Erstverschlimmerung führen. Lass dies zu, „koste" es voll aus, schreie, weine, – tue alles, was dir hilft, die Energie loszulassen (außer dich oder andere zu verletzen natürlich), damit der Stau endgültig gehen kann und du nicht mehr darin gefangen bist. Jeder Energiestau im Körper bzw. auch in den Chakren ist eine Art Gefängnis, in dem bestimmte Verhaltensregeln gelten. Baust du dieses Gefängnis ab, wirst du frei. Die Menschen auf der Erde sind nun dabei, sich aus den selbst geschaffenen Gefängnissen zu befreien, sowohl global als auch persönlich, und dabei hilft die Geistige Welt, wenn wir es einst vereinbart haben.

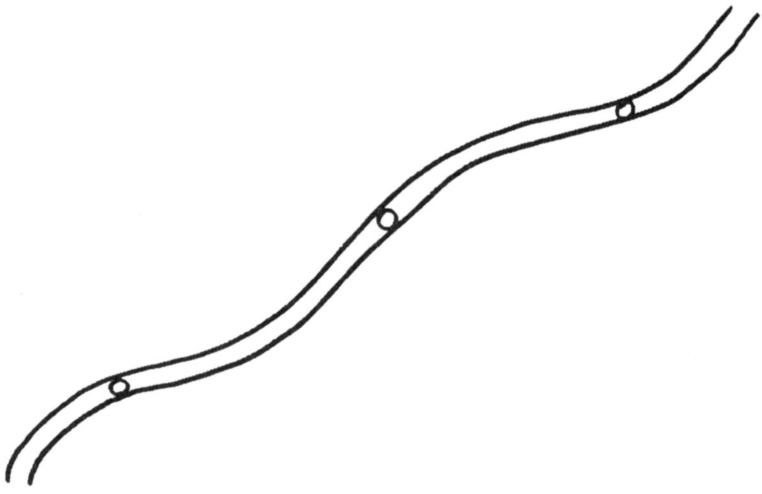

16
Kiriana

Dieses Symbol in Kombination mit dem Mantra durchtrennt energetische Verbindungen, die dir Energie rauben, ohne dass noch etwas zurückkommt. Dies können Verbindungen aus früheren Beziehungen sein, zu atlantischen Kristallen usw.

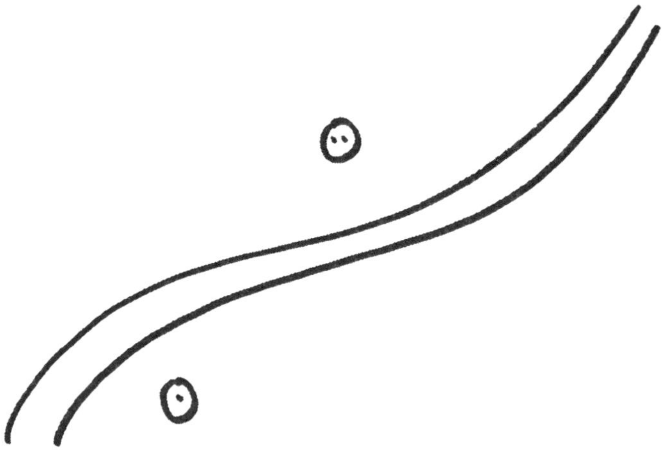

17

To-Pa

Dieses Symbol arbeitet an deinem Sakralchakra und somit an den Themen Schöpferkraft, Sexualität, Lebenskraft, Manifestation.

18

Heron

Dieses Symbol steht für die Freiheit des Geistes. Wenn du dieses gewählt hast, gilt es noch einige Mauern um deinen Geist herum abzubauen.

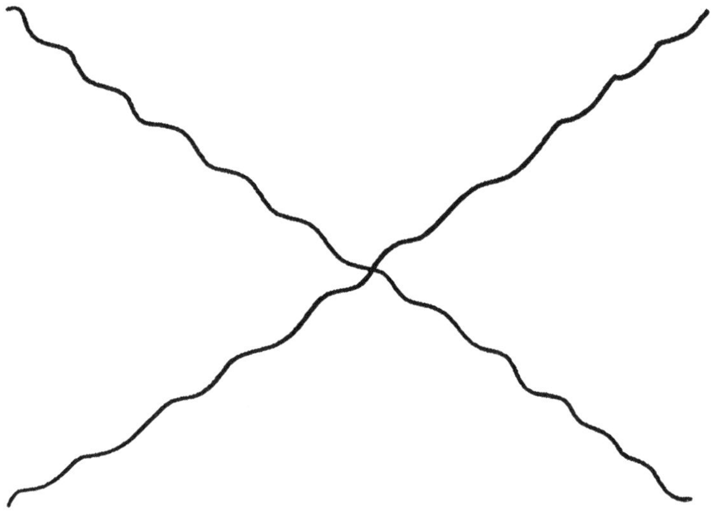

19
Sarah

Die erste Sarah, die es je gab, hatte eine Kindheit ohne traumatische Erfahrungen mit den Eltern oder ihrer Umgebung, und das zu einer Zeit, vor ca. 3000 Jahren, in der dies absolut einmalig war. Sie wuchs innerhalb eines Kraftortes auf, der permanent ihre Schwingungen hoch hielt. Sie verließ diesen Ort während ihrer Kindheit niemals. Sie lernte keinerlei Gefahren kennen, und auch die Eltern, die an diesem Ort lebten, konnten diese ihre große Liebe aufrechterhalten, völlig ohne Störungen. Die drei lebten abseits der Zivilisation.

Als die Eltern gestorben waren, blieb Sarah an ihrem Heimatort. Sie war sich darüber im Klaren, dass es andere Menschen gab, und darüber, dass sie aus wichtigen Gründen von ihnen ferngehalten wurde, und führte, sich ihrer Bestimmung bewusst, ein glückliches Leben, immer in Kommunikation mit der Natur, so dass sie auch nicht einsam war, sondern in völliger Harmonie mit sich und ihrer Umwelt lebte. Als sie hinüberging, war dies ein völliges Verschmelzen mit ihrem Heimatort, so dass du ihre Energiesignatur dort noch immer finden kannst.

Auf Grund dieses Lebens ist der Name Sarah (und es ist kein Zufall, dass dieser Name seit einigen Jahren wieder „Mode" ist) nicht traumatisch belastet und hat die Fähigkeit, Traumata mit Eltern aufzulösen. Jedes Kind mit diesem Namen tut das, meist unbewusst, doch in dieser besonderen Zeit wird der Schleier des Vergessens immer dünner, und die „neuen" Kinder „wissen" mehr von dem, was sie sich für dieses Leben vorgenommen haben, und von dem, was vor der Geburt war.

Wenn du dieses Mantra gemeinsam mit dem Symbol benutzt, können alte Gefühle wieder hochsteigen, die nicht aufgelöst, sondern nur verdrängt wurden, und so tue dieses nur, wenn du bereit bist, dich ein letztes Mal dem zu stellen, was im Unterbewusstsein noch schlummern mag. Lass alle Gefühle zu. Wenn du bis hierher in deinem Prozess gekommen bist, sind nur noch Reste vorhanden, die sich schnell auflösen können, wenn du es zulässt.

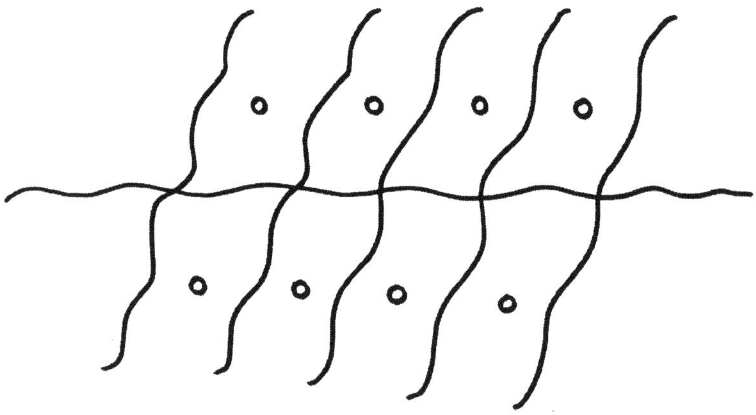

20

Me-Ra-La

Heilung der Wunden, die durch Trennung von Eltern und Kindern verursacht werden, sei es durch Tod, Scheidung, Lossagung usw.

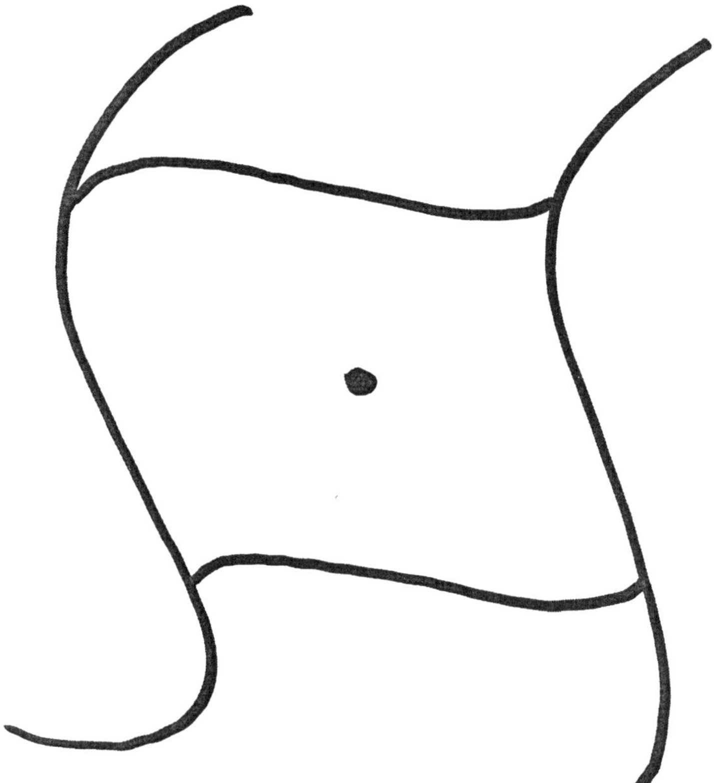

21

Mesalah

Dieses Symbol dient speziell der Heilung von Wunden, die durch Dualseelensplitter verursacht wurden. Man kann durchaus auf sein Dual treffen, ohne dass dies zu einer wunderbaren Beziehung wird. Es können also Wunden bleiben, die allerdings ebenfalls dir dienen, wenn du vielleicht auch nicht immer erkennen kannst, wofür das alles gut war.

22

Om-Ha

Verbindung ist Klang. Schwingung durchdringt alles und jeden.

Werde dir der Verbindung bewusst, die immer bestanden hat. Du hast es nur vergessen.

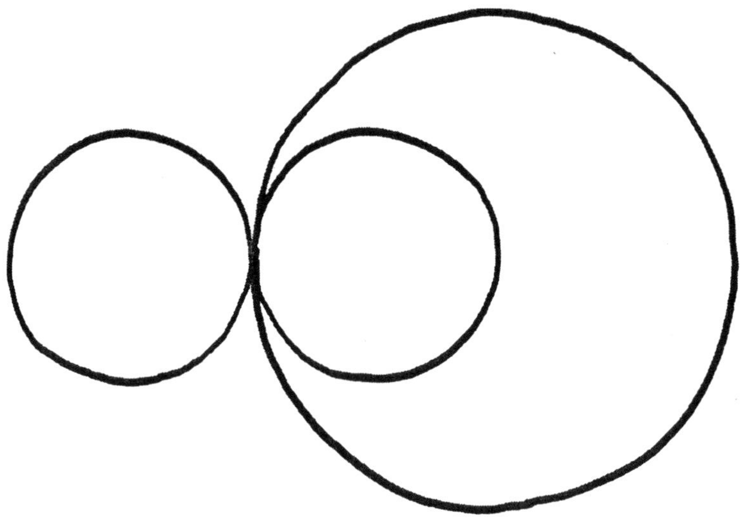

23

Sirila

Dieses Symbol arbeitet speziell an deinem Wurzelchakra und somit an den Themen, die damit verbunden sind, wie der richtige Arbeitsplatz, genügend finanzielle Mittel, die passende Wohnung usw.

24

Sana

Sana heißt nicht nur auf lateinisch „heile“, sondern ist ein allgemeines Symbol zur Aktivierung der Selbstheilungskräfte, gleichgültig, ob es sich um seelische, körperliche oder geistige Beschwerden handelt. Wählst du dieses Symbol, ist es dringend notwendig, an deiner Heilung zu arbeiten. Unter Heilung verstehen wir, die Risse im Magnetfeld zu schließen, damit keine Energie mehr sinnlos verschwendet wird und irgendwo versickert, sondern bei dir bleibt und an und mit dir arbeitet.

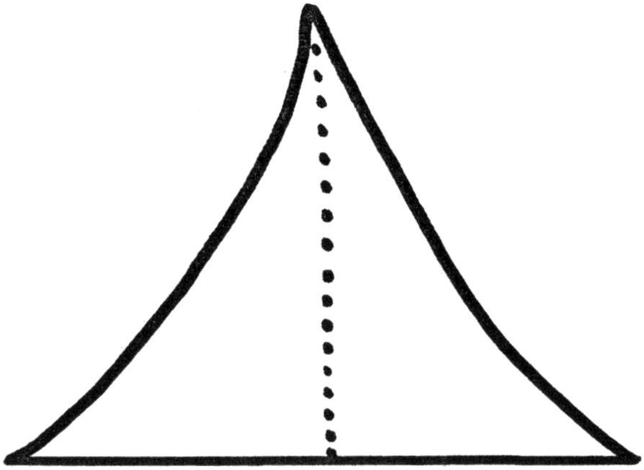

25

Shi-La-Re

Dieses Symbol hilft, die Liebesfähigkeit zu steigern und das Herz zu weiten, und durchlichtet dunkle Stellen.

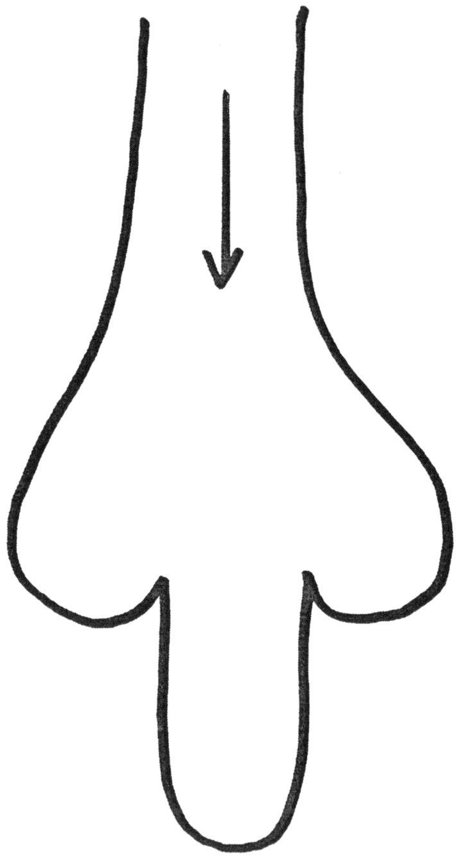

26

Sethana

Dieses Symbol hilft dir, in der Liebe zu dir selbst und zu Allem-was-ist anzukommen. In der mangelnden Eigenliebe liegt viel Leid auf dieser Welt, denn diese wird nach außen projiziert und Muster in Gang gesetzt, die nun wieder abgebaut werden dürfen.

27

Wo-Ra-La

Dieses Symbol bringt dich in den Einklang mit der Natur, heilt die Wunden, die durch den Abstand zur Natur entstanden sind, und weckt die Liebe zur Natur.

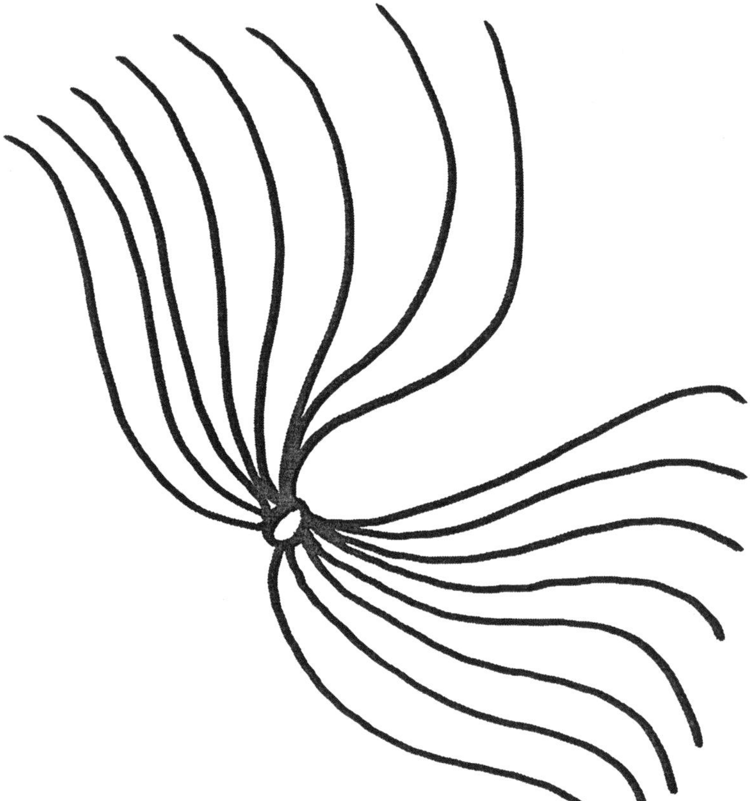

28

Om-Sha-La

„Gegrüßet seist du in Liebe“ lautet die Übersetzung dieses Mantras. Mit diesem Symbol grüßen dich deine Geistführer und bitten um Kontaktaufnahme, indem du diese Kombination aus Symbol und Mantra als Meditationshilfe benutzt. Außerdem kannst du diesen Gruß an alle schicken, von denen du glaubst, dass sie ihn brauchen. Vor allem aber jenen, von denen du glaubst, sie hätten dir etwas „angetan“, als deren Opfer du dich also fühlst, und Wunden lösen sich auf!

29

Si-Na-So

Jeder Mensch hat auf der rechten Seite ein weiteres Herz, zusätzlich zu dem physischen auf der linken Seite. Der Spruch „du hast das Herz auf dem rechten Fleck“ deutet das schon an. Dieses zweite Herz umfasst die Liebe zu Allem-was-ist.

Erst wenn du dein physisches Herz bis zu einem gewissen Grad geöffnet hast, kann auch das zweite Herz sich wieder öffnen. Es strahlt auf in der Liebe zur Gottquelle, welchen Namen du ihr auch immer geben magst. Die Energien der beiden Herzen vereinigen sich im Herzchakra (daher ist es ja auch zweigeteilt) und schaffen etwas Neues: Das volle Potenzial der Liebe!

Schlägst du nun diese Seite auf und siehst dieses Symbol, ist es Zeit für dich, dein zweites Herz wieder zu öffnen, dich der Liebe zu Gott, dem Gott in dir, hinzugeben!

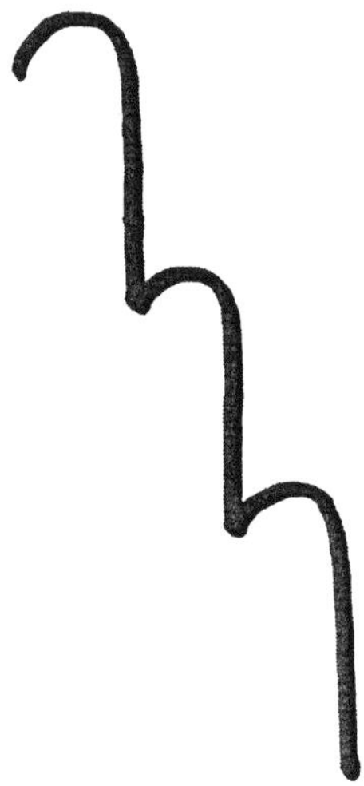

30

Neph-Ta

Hast du diese Seite gewählt, wird ein Reinigungsvorgang auf allen Ebenen in Gang gesetzt. Optimal kannst du ihn unterstürzen, wenn du basische Bäder machst und Mineralien, Spurenelemente und Vitamine in ausreichender Menge zu dir nimmst. Die gelösten Schlacken, feinstoffliche wie stoffliche, wollen nun aus deinem System entfernt werden.

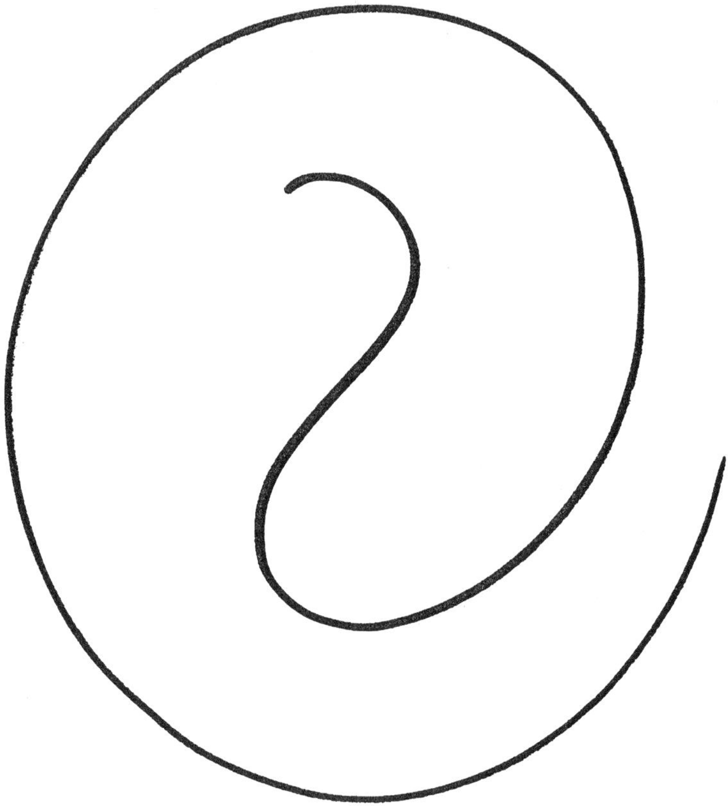

31

Ta-Ta-Sat

Wenn es am dunkelsten ist, ist das Licht am nächsten. Ein Wendepunkt kündigt sich an – in einer Angelegenheit – in einer Beziehung – in deinem Leben. „A turn around, that turns shit into roses“! Wie sehen deine „rosigen“ Zeiten aus? Wenn du mit TA-TA-SAT meditierst, wirst du mehr erfahren.

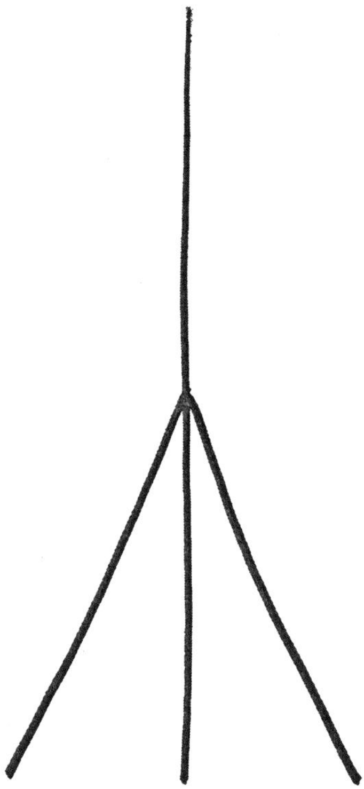

32

Ka-Ra-Ma

Je näher man die Dinge betrachtet, desto mehr unterscheiden sie sich. Je größer die Distanz des Betrachters ist, umso mehr scheint alles eins. Dieses Symbol ist ein Hinweis, öfter mal die Perspektive zu wechseln und die Dinge von mehreren Ausgangspunkten (Kryon meint mindestens zwölf!) aus zu betrachten. Arbeite mit KA-RA-MA, und deine Sicht der Dinge wird sich erweitern, Du erkennst die Zusammenhänge in den Unterschieden.

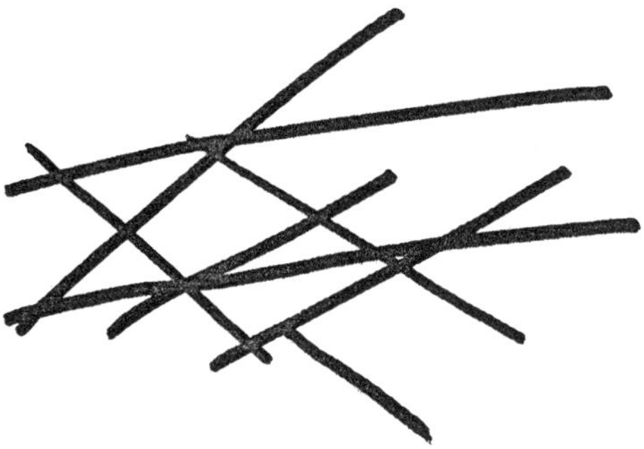

33

A-Li-Ko

Dein Versteck ist zerstört – Dein verborgener Platz ist verloren. Dieses Symbol ist ein Hinweis darauf, dass es Zeit ist, deinen Platz in der Welt einzunehmen. Alte Ängste wollen transformiert werden. Du verlierst Sicherheit und gewinnst dadurch an Kraft und Vertrauen. Habe Mut, die Zeit ist reif. Meditiere mit A-LI-KO und spüre, wie sich Kraft und Vertrauen in dir ausbreiten.

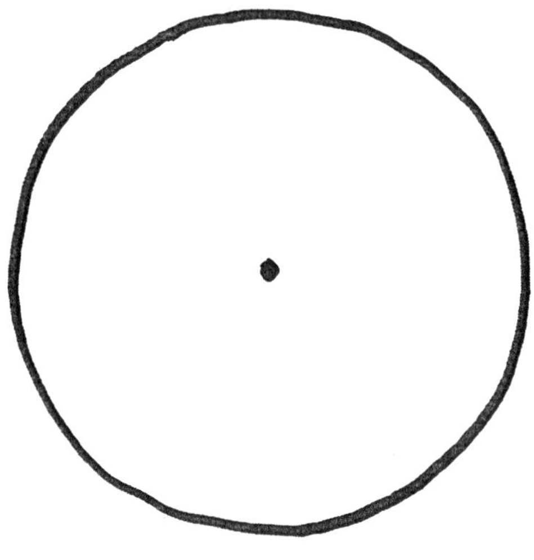

34

Ku-Ma-Na

Ku-Ma-Na zentriert, es bringt dich in deine Mitte und stellt von dort eine Verbindung zum Herzen der Erde her. Deine Kräfte regenerieren – deine Akkus werden wieder aufgeladen (Überladeschutz ist eingebaut!). Arbeite mit KU-MA-NA und spüre, wie deine Schöpferkraft und Tatkraft wachsen.

35

Ka-Ra-La

Schattenaspekte wollen ans Licht – hohes Transformationspotenzial ist nun vorhanden. KA-RA-LA ist ein Hinweis darauf, dass es in deiner Situation darum geht, innezuhalten. Auch wenn die Kräfte und Handlungsimpulse bereits nach außen streben, ist es für deine Entwicklung förderlicher, sie noch eine gewisse Zeit zurückzuhalten und im Inneren wirken zu lassen. Meditiere mit KA-RA-LA und ergründe, was deine momentane Situation mit dir zu tun hat.

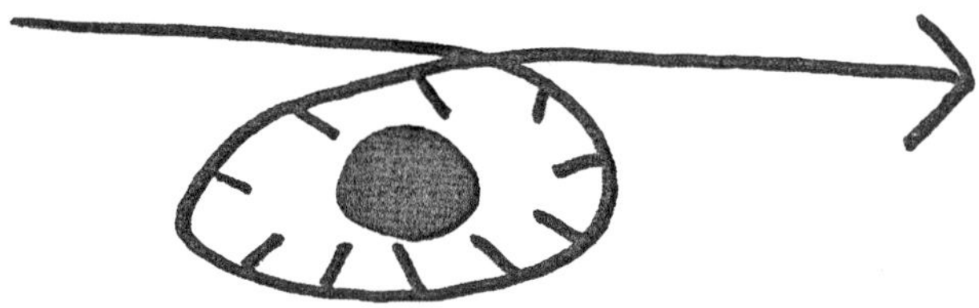

36

Ka-Ma-Na

Bedachtes Handeln. KA-MA-NA deutet darauf hin, dass du es hier mit einer sehr komplexen Situation zu tun hast. Vermeide schnelle Entschlüsse und Handlungen. Betrachte die Dinge aus einer größeren Distanz und versuche, die tieferen Zusammenhänge zu erkennen und zu verstehen. Handle mit Bedacht und bedenke die kurz- und langfristigen Auswirkungen deines Tuns. Benutze das Symbol, um hinter die Kulissen blicken zu können.

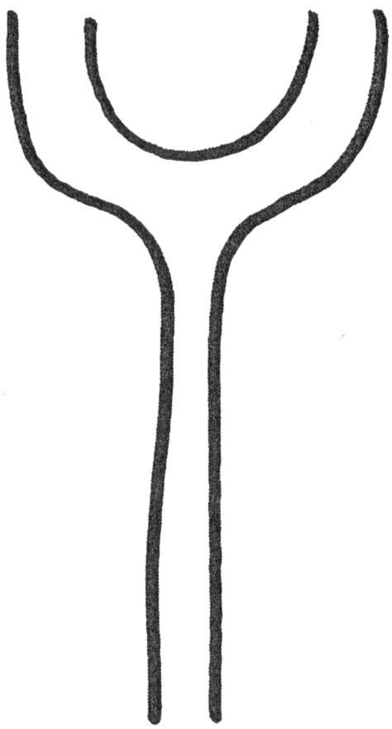

37

An-Ta-Na

AN-TA-NA ist ein Schlüsselsymbol, das auf die notwendigen Vorbereitungen hinweist, um direkt aus der göttlichen Quelle zu empfangen. Dazu müssen wir in uns bzw. in Beziehungen zwischen uns einen stabilen Rahmen schaffen und dann im inneren Raum leer werden. Die Arbeit mit AN-TA-NA hilft uns, einengende Erwartungen loszulassen und uns ganz für das Leben und die göttliche Liebe zu öffnen.

38
Ko-Ro-Na

Die Schöpferkrone. KO-RO-NA deutet darauf hin, dass alle Begebenheiten, Situationen, Beziehungen zu jeder Zeit vollkommen sind. Es fehlt nichts – Mangelbewusstsein entsteht nur aus der Begrenztheit unserer Wahrnehmungsfähigkeit. Meditiere mit KO-RO-NA, um dir den Blick auf die Vollkommenheit in allem zu erschließen. Der göttliche Handlungsimpuls entspringt aus der vollkommenen Hingabe, nicht aus unserem begrenzten Denken oder Wollen.

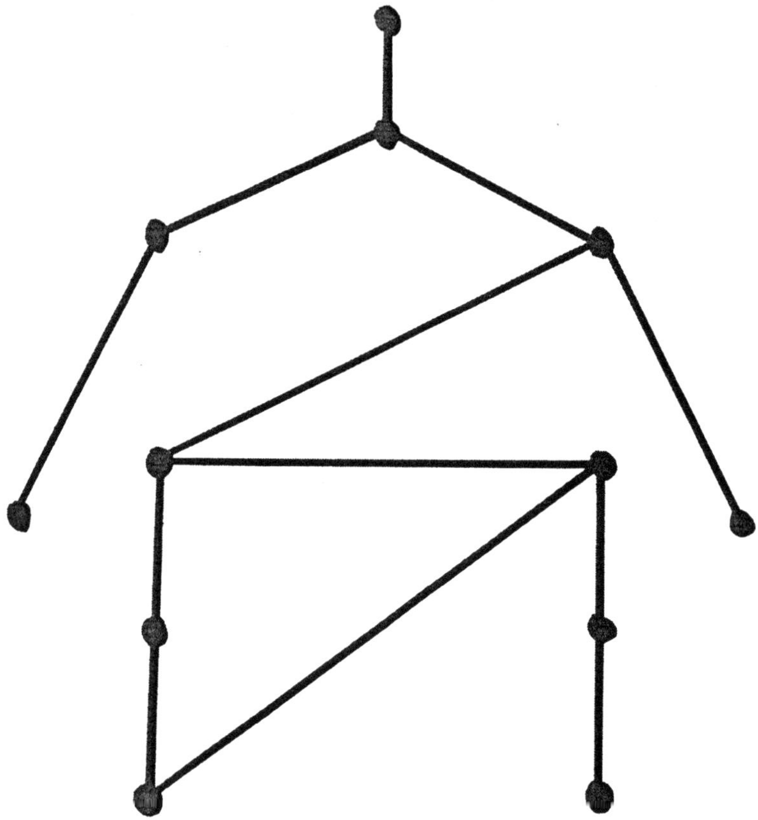

39
Fee-La-Shakti

Dieses Symbol wurde zum Großteil auf einem Seminar in der Schweiz 2006 gegeben und dann vervollständigt. Es zeigt dir auf, dass du momentan zu wenig Lebenskraft hast und diese nun wieder geweckt werden soll. Wenn du mit FEE-LA- SHAKTI arbeitest, bringt es dir Leichtigkeit in dein Leben. Es kann jedoch sein, dass dir dein Körper erst einmal aufzeigt, wo Schwere herrscht. Müdigkeit ist nichts anderes als Schwere, Dichte, und die Dichte wird nun von der Erde weggenommen und auch von dir.

Fee-La ist der Name einer Elfe, und wenn du sie einlädst, dann zeigt sie dir, wo noch Schwere herrscht und wo du in Leichtigkeit übergehen kannst

♈

40

Ka-Li-Na-Ra

Dieses Symbol hilft dir, wieder ins Gleichgewicht zu kommen (Kali bedeutet auf Griechisch „gut“).

41

Ma-La-Ja

Dieses Symbol hilft dir bei der Herzöffnung, hilft dir zu sehen, dass wir alle eine Einheit bilden. Jede einzelne Zelle der Einheit, die wächst, verhilft dem Ganzen ebenfalls zu Wachstum. Wer sein Herz öffnet, ist bereit zum größtmöglichen Wachstum.

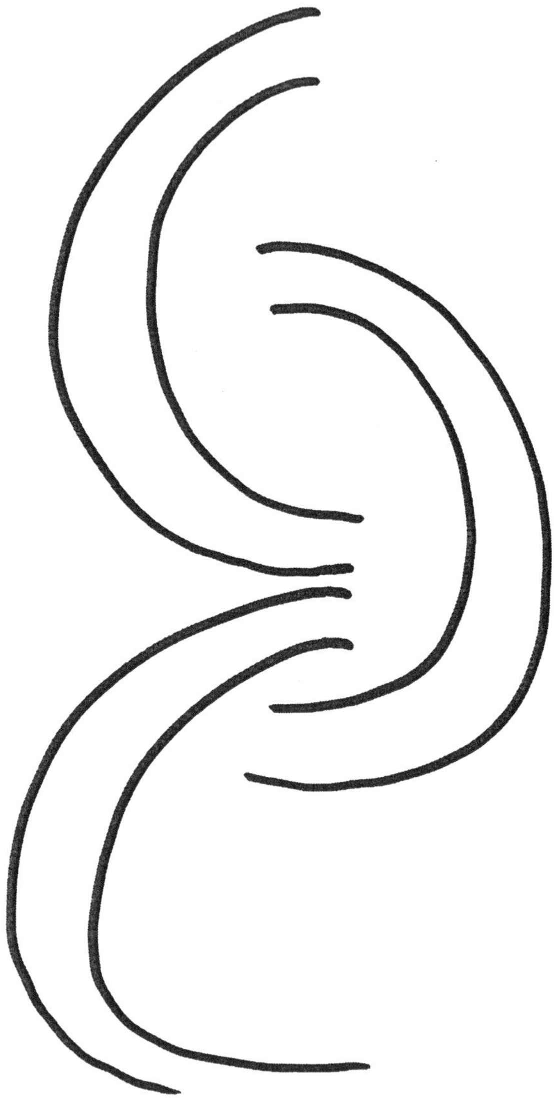

42

Sir-Na

Dieses Symbol hilft dir, die Augen zu öffnen bei Themen, vor denen du sie bisher verschlossen hieltest. Es gibt Dinge, die möchte man am liebsten nicht sehen, und doch liegen genau darin die größten Wachstumschancen, wenn man bereit ist, in die tiefsten Tiefen des eigenen Seins abzutauchen.

43

Si-Na-Re

Dieses Symbol ist hilfreich bei psychischen Störungen wie Verfolgungswahn, Schizophrenie usw. Es verspricht nicht, diese zu heilen, aber es hilft dir zu verstehen, warum diese Dinge in dir sind oder es in einem früheren Leben waren.

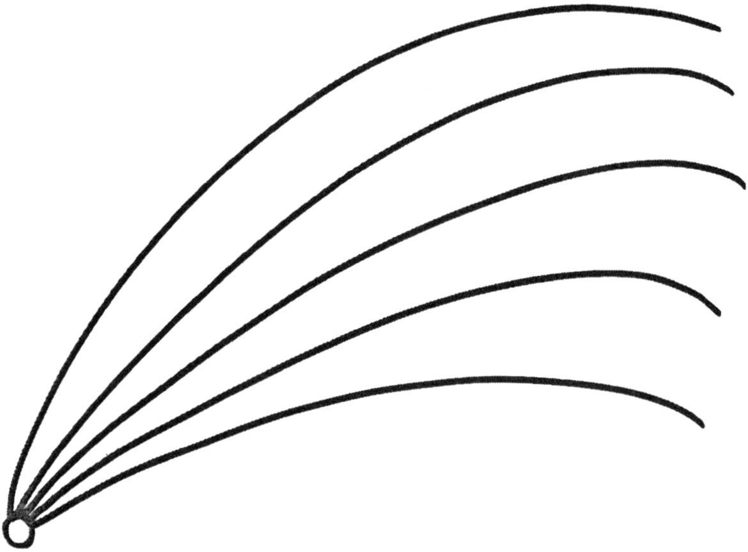

44

Se-Ma-Na

Dieses Symbol ruft den passenden Partner, den Seelengefährten herbei, verschafft dir jedoch gleichzeitig Lektionen in bedingungsloser Liebe. In der Neuen Zeit sollen die Partnerschaften ebenfalls neu gestaltet werden. Das geht nur in Karmafreiheit und mit der Bereitschaft, alte Muster aufzulösen. Dies ist die Hilfe hierfür.

Benutze Se-Ma-Na nur jeweils fünf Minuten, weil die Lektionen in Bedingungslosigkeit heftig sein können.

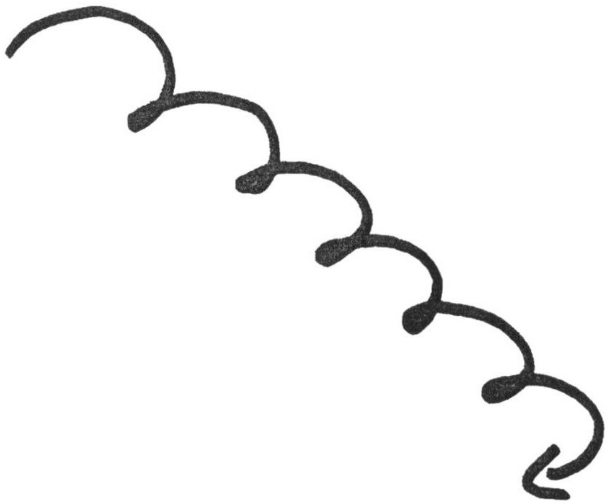

45

Ka-Li-Nie

Dieses Symbol zeigt dir, dass es nun Zeit ist, in dir selbst anzukommen, dein Höheres Selbst in dir zu integrieren. Bitte benutze dieses Symbol sehr oft.

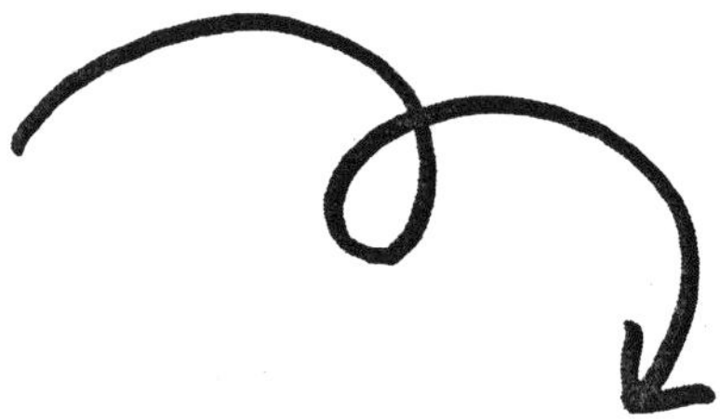

46

Ka-Li-Ne

Dieses Symbol hilft dir, ganz in dein Leben auf der Erde anzukommen. Bisher warst du nur zu einem Teil hier. Es hilft dir, herauszufinden, was deine Lebensaufgabe hier ist.

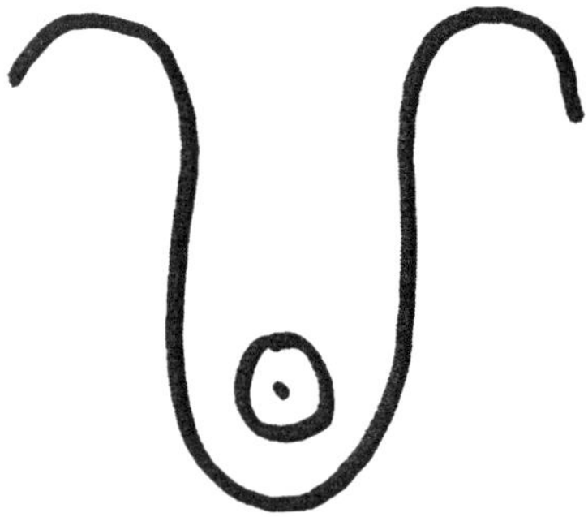

47

Ra-Li-So

Dieses Symbol werden viele Menschen sehr häufig brauchen, denn nun geht es um Loslassen. Im Aufstiegsprozess müssen/dürfen/sollen/wollen wir vieles hinter uns lassen. Das geht jedoch nur, wenn wir loslassen. Manchmal ist es ein Ehemann, eine Ehefrau, oder gar Kinder. Oft sind es aber einfach Muster, Glaubenssätze, einschränkende Verhaltensweisen. Hast du dieses Symbol gewählt, so benutze es sehr oft, auch parallel zu den anderen, die du noch nutzt.

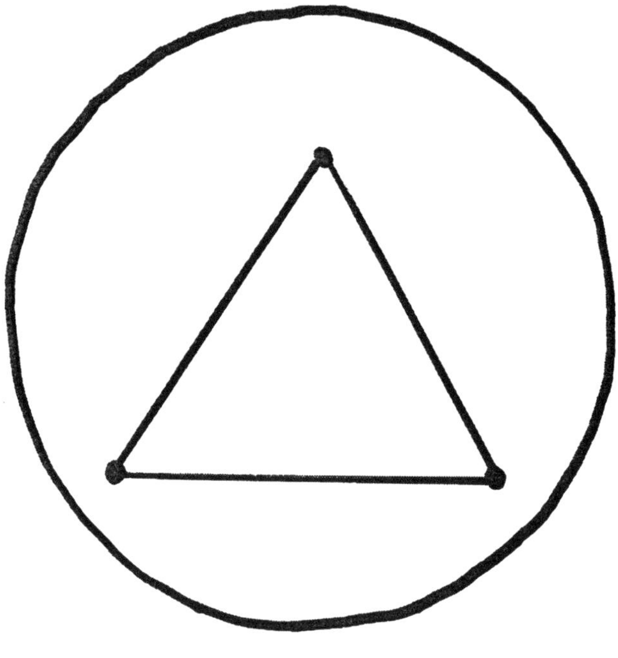

48

Athanara

Dieses Symbol zeigt dir, dass du nun bereit bist für Veränderungen. Indem du damit arbeitest, holst du sie herbei.

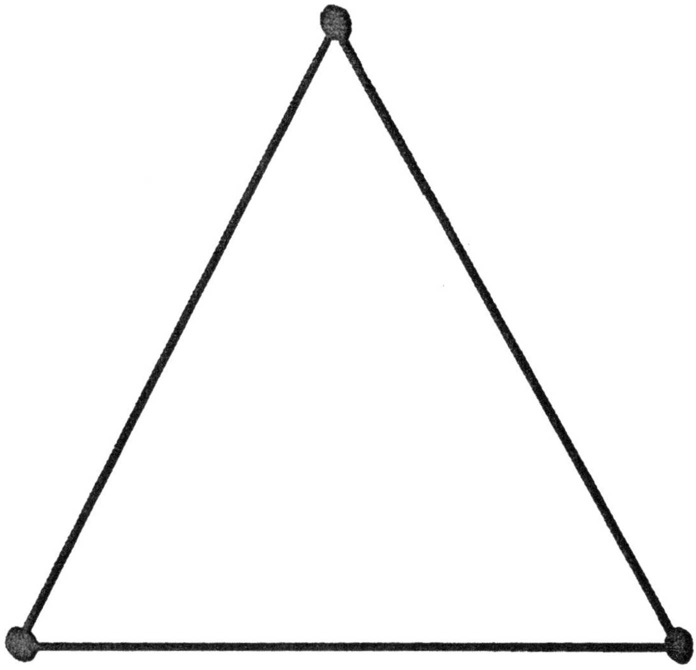

49

Antha

Dieses Symbol zeigt dir, dass Veränderungen unmittelbar vor der Tür stehen. Wenn du damit arbeitest, machst du dich bereit dafür.

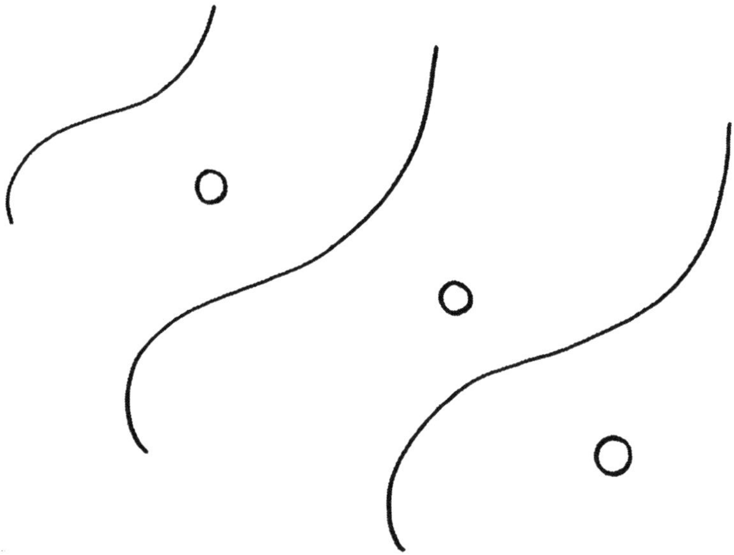

50

Do-La-Na

Schlägst du die Seite mit diesem Symbol auf, ist es Zeit für die innere Einkehr, für die Bereitschaft, „vor der eigenen Haustür“ zu kehren.

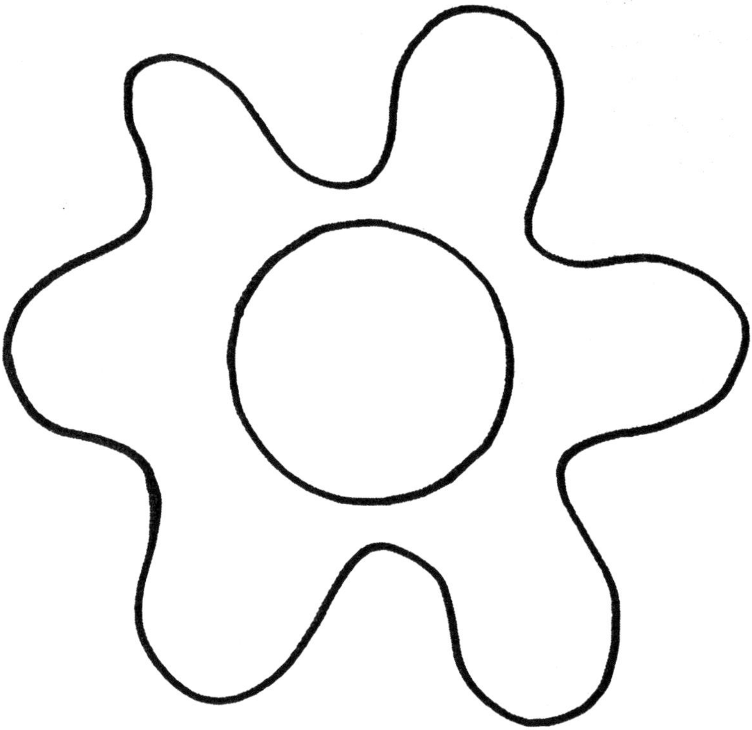

51

Sonnflora

Dieses Symbol verbindet die Menschen mit dem Licht der Sonne und der Wirkung der Natur. Jeder Mensch hat Licht in seinem Körper. Mit diesem Symbol bekommst du die Kraft, dieses versteckte Licht wieder in Bewegung zu bringen, es sichtbar werden zu lassen. Das Licht besitzt eine hohe Kraft, den Frieden zu verbreiten. Wenn alle Menschen dieses benutzen würden, gäbe es friedvolle Harmonie auf der Erde. Nicht zu vergessen ist auch die Heilkraft der Natur, (gechannelt von Diana Armstrong, 15 Jahre alt).

Als ich mich mit diesem Symbol von Diana beschäftigte, kam meine Katze Mala und setzte sich darauf!

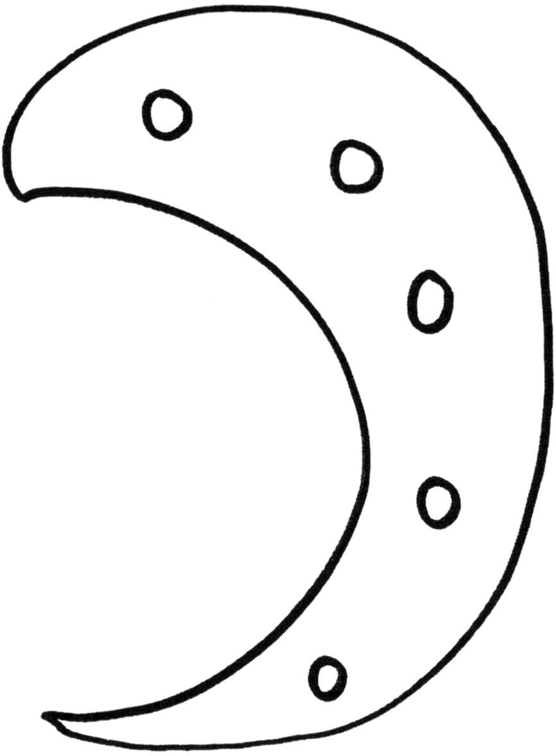

52

Re-Li-Na

Dieses Symbol hilft dabei, den Frieden in der Familie herzustellen.

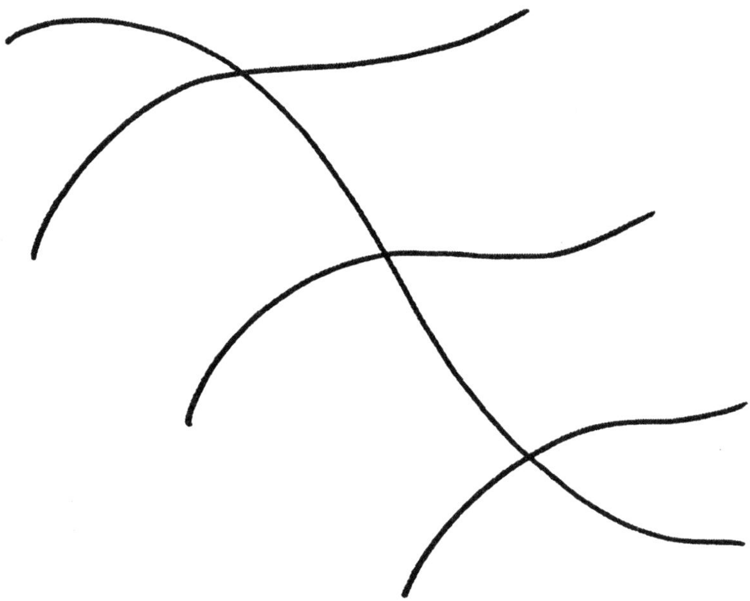

53

Se-Ra

Dieses Symbol verbindet deinen Lichtkörper mit dem der Erde. Die Folge ist die Beschleunigung deiner Mer-Ka-Ba, deines Aufstiegsenergiefelds.

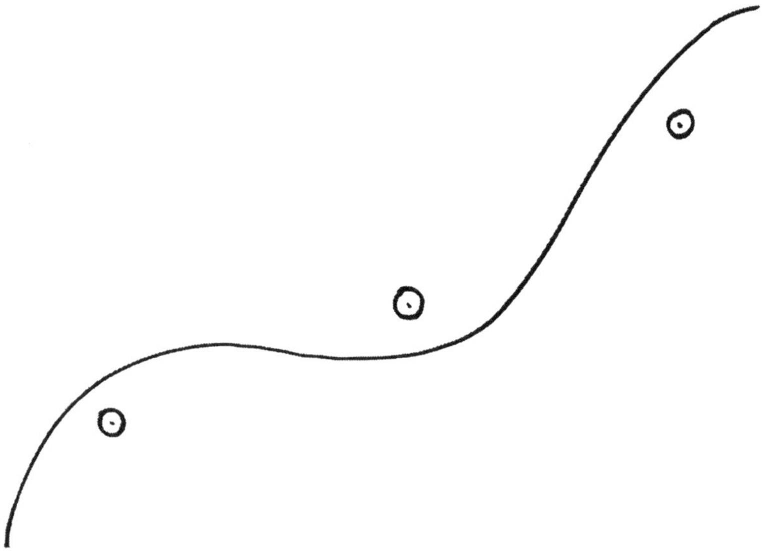

54

Va-Li

Dieses Symbol arbeitet speziell an den Macht- und Ohnmachtsthemen in deinem Leben, also am Solarplexus, dem Sonnenchakra.

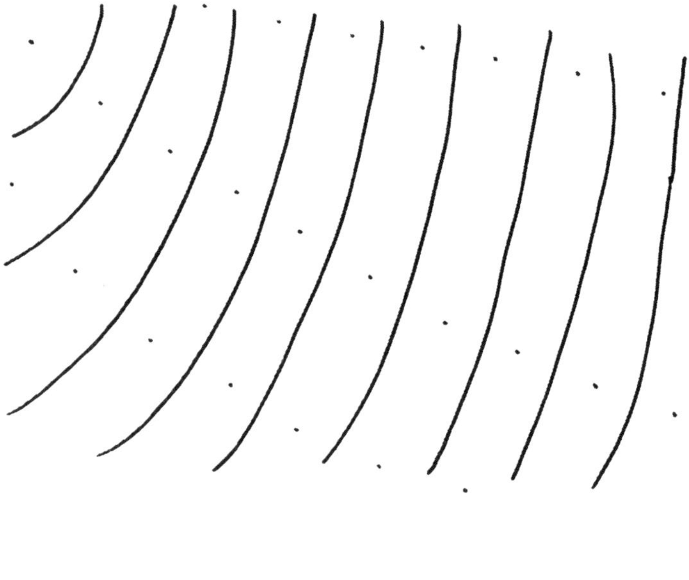

55

Mi-Lu-Na

Sowohl Erzengel Michael als auch ein Drache namens Seluna arbeiten am Hals, und dieses Symbol ist eine Kombination beider Energien, also sehr stark. Arbeite damit und deine Kommunikation wird von Liebe getragen sein.

Zum Ausklang

An dem Tag, als ich alle Symbole fertig gestellt hatte (soweit sie von mir kamen), wurde ich an eine besondere Quelle geschickt, weil mir dort die Einzelbotschaften des Dreierteams dort übermittelt wurden. Hier nun, was diese Wesenheiten noch ergänzend mitteilen möchten:

Michael

„Hier ist nun Erzengel Michael, oder auch Lord Maikl, wie mich manche nennen.

Für diese Symbole haben Kryon, Metatron und ich uns vereinigt, weil sie mit der uns größtmöglichen Liebe gegeben werden sollten. Manchmal liegt der Schwerpunkt auf meiner Energie, manchmal auf der von Kryon, und ein anderes Mal auf Metatron, aber immer sind die beiden anderen „Kräfte" sozusagen links und rechts positioniert, um die Dreiheit zu bilden.

Die drei ist eine Katalysatorzahl, und Katalysatoren bilden auch diese Symbole mit ihren Mantren. Es werden mit ihnen Prozesse in Gang gesetzt.

Erwartet nicht, dass diese Prozesse in wenigen Tagen beendet sind und dann kann der nächste Schritt beginnen. Nein, manche werden Monate oder gar Jahre dauern, doch könnt ihr so viele der Symbole und Mantren parallel benutzen, wie es die Intuition euch rät. Bitte wählt nur dann das nächste Symbol, wenn ihr diesen Impuls in eurem **Heiligen Raum** *erhalten habt, denn dort haben Egospielchen keine Macht und Wirkung, – und auch unnötige und vor* *allem unangebrachte Eile kann hier nicht gelebt werden.*

Wenn ihr mit diesen Mantren und Symbolen arbeitet, steht ihr unter meinem besonderen Schutz. Ich werde immer da sein, damit nur das geschieht, was geschehen soll. Und wenn ihr Fragen habt, dann stellt sie mir im ***Heiligen Raum.***

Dieses war MAIKL."

Kryon

„Seid gegrüßt, ihr Engel, die ihr euch Menschen nennt. Vielleicht überrascht es euch, dass Kryon auch in einem Team arbeitet. Wir sagten euch jedoch schon oft, dass wir eine Gruppenwesenheit bilden, wie auch die Menschheit eigentlich eine einzige Wesenheit bildet, wenn sie dieses denn erkennen kann. Doch auch diese Gruppe namens Kryon arbeitet mit anderen Gruppen bzw. Wesenheiten zusammen, und immer ist die Triebfeder die Liebe, in diesem Fall die Liebe zu euch, denn durch euch können Dinge in Gang gesetzt werden, die von hier aus sehr viel länger benötigen würden oder gar völlig unmöglich sind. Und so seid ihr hier, um euren Beitrag im Großen Plan zu leisten, auch wenn ihr vielleicht noch nicht wisst, wie dieser Beitrag aussieht.

Indem ihr jedoch zum Beispiel mit einem Buch wie diesem arbeitet, leistet ihr bereits euren Beitrag, weil ihr Anstöße gebt, Dinge in Bewegung setzt…

Wie ihr vielleicht wisst, gibt es noch andere Kombinationen aus Symbolen und Mantren, zum Teil in Kartensets, an denen ich mitwirkte, und keines ist wichtiger als ein anderes. Es bekommt einfach nur jeder genau das, was er gerade benötigt, und es steht nun schon sehr viel mehr Hilfe dieser Art zur Verfügung als noch vor zehn Jahren, –und das ist eurer unermüdlichen Arbeit zu verdanken. Euch, die ihr bereit seid, auf eure innere Stimme mehr zu hören als auf die Bewertungen im Außen, ist es zu verdanken, dass sich nun schon so viel verändert hat und sich noch mehr verändern wird. Die Veränderung ist weniger ein Auf- oder Ansteigen der Energie als ein Sich-Wieder-Ausdehnen, was sich einst zusammenzog, was sich freiwillig einschränkte. Ihr, liebe Menschen, seid dabei, eure selbst auferlegten Schranken wieder abzubauen und zu betrachten, was dahinter liegt.

Was werdet ihr auf der anderen Seite der Schranken finden? Letztlich euch selbst!

Dieses war KRYON vom Magnetischen Dienst."

Metatron

„Dieses ist die Energie, die ihr Metatron nennt, eine Energie, die ihr in diesem und anderen Leben schon oft gespürt habt. Und wenn ihr nun diese Worte lest, dann fühlt euch wieder hinein in diese Energie und erkennt sie wieder. In der einen oder anderen Situation, in der ihr Hilfe benötigt habt, konntet ihr mich spüren, wenn ihr auch damals noch nicht wusstet, was bzw. wen ihr da eigentlich spürt.

Nun bekommt langsam, Schritt für Schritt, euer Leben einen Sinn. Ihr könnt erkennen, dass alles, was bisher ge-

schehen ist, einem Plan folgte. Eurem Plan! Ihr könnt sehen, dass auch oder gerade hinter den schmerzlichen Erfahrungen ein Lernprozess steckte und steckt, dass nichts sinnlos war, sondern immer einen Grund hatte (genauso genommen sind es oft eine ganze Reihe von Gründen, warum bestimmte Dinge geschehen).

Mit Hilfe dieser Mantren und Symbole wird euch noch deutlicher werden, was ihr eigentlich in diesem Leben, in dieser besonderen Zeit, hier wollt. Aber das geht nicht von heute auf morgen, denn manche Erkenntnisse, die euch in einem Jahr klar werden, könntet ihr heute noch gar nicht verkraften oder gar glauben, und darum geschieht alles in dem Tempo, wie es für euch richtig ist. Es nützt also nichts, darüber zu jammern, dass es zu schnell oder zu langsam geht. Es ist so, wie es ist! – genau das, was ihr wirklich braucht; nicht unbedingt das, was ihr mit eurem Bewusstsein (Ego) wollt bzw. glaubt zu brauchen. Also versöhnt euch mit eurem Tempo, wie es sich für euch auch gestalten mag. Es hat auch mit dem Tempo der ganzen Erde zu tun, nicht nur mit euch persönlich. Ihr bestimmt mit, was auf der Welt geschieht, und wie schnell es geschehen soll. Also – lasst euch bei allem Raum und Zeit, aber trödelt nicht unnötig herum.

Dieses war METATRON."

Symbole alphabetisch

Stichwortverzeichnis

Abschließende Worte von „Shamana“

„Mein Name ist Shamana, und ich bin das, was ihr eine „Hüterin der Zeit“ nennen würdet.

Meine Aufgabe ist es, alle Zeitlinien auf korrekten Fluss hin zu überwachen. Jede Spezies, die einen gewissen Grad der Zivilisation erreicht, hat irgendwann die Fähigkeit, die Zeit zu manipulieren, aber nicht mit technischen Geräten, wie ihr vielleicht vermutet, sondern mit der Kraft des Geistes. Die Zeitlinien dürfen jedoch nur innerhalb gewisser Toleranzen verändert werden, und damit diese nicht übertreten wird, sind Hüter eingesetzt. Diese Hüter inkarnieren sich immer wieder in die Zeitlinie, die sie überwachen, um in direkter Verbindung mit den dortigen Energien und Ereignissen zu sein. Das schult sie in der Wahrnehmung der Zeitlinie. Sie haben somit die Fähigkeit, den Zeitfluss direkt zu spüren, und wenn aus irgendwelchen Gründen Zeitwirbel entstehen, inkarnieren sie dort, um nachzuspüren, was geschieht.

Im Moment bildet sich auf der Erde solch ein Zeitwirbel, weil viele einzelne Wesen durch den Erweckungsprozess für sich die Realität und somit auch die Zeitschiene wechseln. Ab einer kritischen Masse bildet sich ein Zeitwirbel, der die gesamte Linie in ein Neues Zeitalter transportieren wird. Als Hüterin der Zeit überprüfe ich, ob die Menschheit dafür den nötigen Reifegrad hat, und wenn das der Fall ist, greife ich direkt ein und unterstütze den Vorgang, damit alles in geordneten und kontrollierten Bahnen abläuft.

Die Symbole und Mantren dieses Buches sind eine Unterstützung für dich, deinen persönlichen Zeitwirbel zu bil-

den und dich in eine für dich neue Realität zu überführen. Dies geht nicht von einen Tag auf den anderen und auch nicht innerhalb eines Jahres. Da dieser Zeitwirbel winzige Entsprechungen in jeder deiner Millionen von Zellen bildet und entsprechende Energien verarbeitet werden müssen, solltest du dir bei der Arbeit mit diesem Buch den entsprechenden Raum und auch die Zeit geben, alles zu verarbeiten und wirken zu lassen. Es wird weitere Bücher dieser Art geben, so dass dein Prozess nicht zum Stillstand kommen wird, doch auch das benötigt Zeit. Unsere Channelpartnerin muss selbst durch die passenden Prozesse geführt werden, und so ist von euch allen Geduld gefragt und absolut erforderlich. Blicke nur die letzten fünf Jahre zurück und siehe, was schon alles geschehen ist. Und stell dir nun vor, wie es für dich in weiteren fünf Jahren sein wird, und du erkennst, dass alles zur rechten Zeit, am rechten Ort geschieht und geschehen muss. Sei dir bewusst, dass du gut geführt und überwacht wirst, so dass all das geschieht und geschehen kann, was du auf der höchsten Ebene für dich beschlossen hast. Auch wenn einige Ereignisse, solange du dich mitten in ihnen befindest, sich vielleicht nicht als so angenehm gestalten, wirst du, wenn etwas Zeit danach vergangen ist, erkennen, wie wertvoll gerade auch die unangenehmen Geschehnisse für dich gewesen sind.

Wichtig ist, das Vertrauen darin zu entwickeln, dass alles, ob persönliche oder globale Ereignisse, immer deinem und eurem höchsten Wohle dienen, denn dies ist so, auch wenn es manchmal nicht so scheint.

Dieses war Shamana, mit großer Freude.

Patrizia Pfister
Das Regenbogenzeitalter – Die Menschheit erwacht
480 Seiten, Großformat, gebunden, mit Lesebändchen
ISBN 978-3-934254-94-7

Dieses Buch enthält eine Fülle brandneuer Informationen für das 21. Jahrhundert, die die Autorin durch die Vertreter und Lenker der 12 göttlichen Strahlen erhielt - ebenso wie von Erzengel Michael, Metatron, KRYON u.a. zu den Vorgängen, die sich mit dem Begriff „Aufstieg" zusammenfassen lassen. Dazu gehören hochinteressante Durchsagen zu den fünf neuen Chakren und viele praktische Übungen und Anleitungen, wie sich der Lichtkörperprozess aktiv unterstützen lässt. Das Regenbogenzeitalter ist ein Zeitalter der Farben und der Veränderung, das hier erstmalig detailliert beschrieben wird.
Dieses Buch richtet sich an jeden Menschen, der sich weiterentwickeln will.

Patrizia Pfister
Leben und Ernähren im Regenbogenzeitalter
296 Seiten, Großformat, gebunden, mit Lesebändchen
ISBN 978-3-938489-09-3

Die Autorin stellt die Regenbogenernährung detailliert vor, ergänzt durch entsprechende Nahrungsmitteltabellen und Rezepte.
Durch zahlreiche Channelings, unter anderem von KRYON, den Erzengeln Metatron, Gabriel und Uriel, den Aufgestiegenen Meistern Sanandá, Lady Rowena, Sanat Kumara und Kuthumi, erhalten wir neue Informationen über das menschliche Energiesystem, das 12-Chakrensystem und die damit zusammenhängenden Energiefelder. Themen, die mit den Chakren und den Energiefeldern zusammenhängen und sich in den jeweiligen Körperbereichen manifestieren, können somit erkannt und bearbeitet werden.
Ein ganzes Kapitel ist den verschiedenen Methoden zur Reinigung gewidmet, da Gesundheit, Wohlbefinden, der Verjüngungseffekt und der Kontakt „nach oben" direkt und indirekt von der Klarheit des Körperwassers abhängig sind.
Mit zahlreichen Rezepten, jeweils passend zu den entsprechenden Farben.

Rosemarie Gehring & Stefan Sicurella
100 Fragen ans Universum
... und die überraschenden Antworten
160 Seiten, A5, broschiert
ISBN 978-3-938489-30-7

Die Autoren haben 100 Fragen aus vielen Bereichen des Alltags zusammengetragen und in Channel-Sitzungen der geistigen Ebene übermittelt.
Auch Kinder hatten Gelegenheit, Fragen zu stellen, die für sie verständlich beantwortet wurden.
Lassen Sie sich von den liebevollen, oft von kosmischem Humor geprägten Antworten überraschen.
Mit informativen und hilfreichen Antworten der Großen Weißen Bruderschaft (u.a. der Aufgestiegenen Meister Hilarion, Serapis Bey, Sanat Kumara, Mutter Maria, und Sananda), der Erzengel (u.a. Haniel, Uriel und Michael) sowie KRYON.